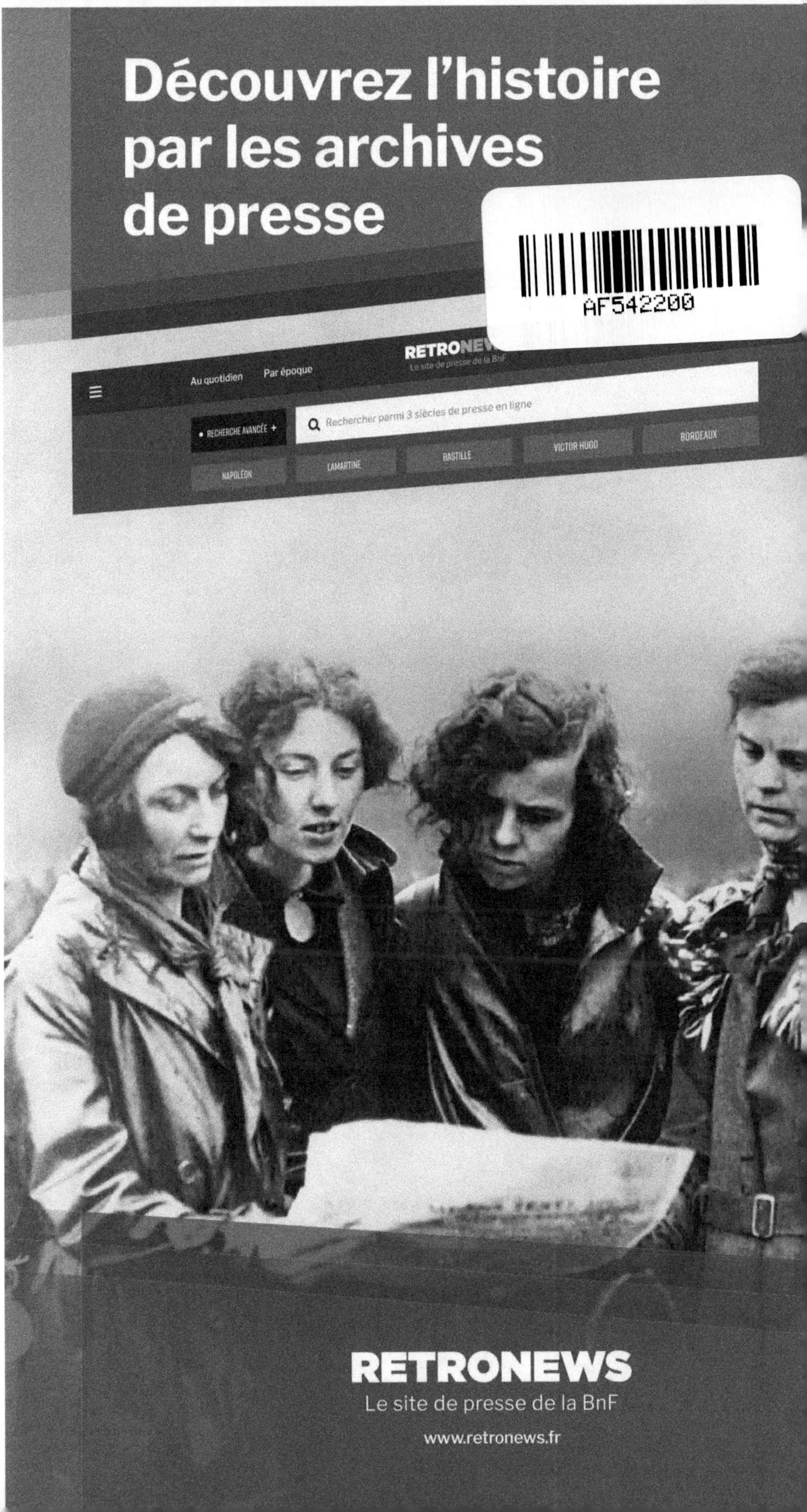
Découvrez l'histoire
par les archives
de presse
Au quotidien
Par époque
RECHERCHE AVANCÉE +
Rechercher parmi 3 siècles de presse en ligne
VICTOR HUGO
BORDEAUX
NAPOLÉON
LAMARTINE
BASTILLE
RETRONEWS
Le site de presse de la BnF
www.retronews.fr

8me Année. — N° 19 Juille

LA CONSERVE ALIMENTAI

Bulletin mensuel de Vulgarisation Théorique et Pratique de Fabrication

PARAISSANT LE 15 DE CHAQUE MOIS

Rédigé par un groupe de Fabricants-Industriels et de Chefs d'Emplois de cette I

Nicolas APPERT
(1750-1841)

École Nationale
D'INDUSTRIE ALIMENTAIRE
Nicolas Appert

COMITÉ DE DIRECTION
Bourse du Commerce
— Paris —

L'idée de la création de cette école dont nous avons été les plus fervents propagandistes vient d'être mise définitivement au point par un groupe de praticiens, de chimistes et d'agronomes distingués qui vont en assurer le fonctionnement.

L'enseignement sera tout à la fois et pratique.

Dans la voie pratique, le Comité tion se propose, non pas d'organiser de fabrication de conserves et de pr mentaires divers, destinée à co l'industrie libre, mais de créer des la d'essais et d'enseignement que di praticien qualifié et où chaque fabri venir se documenter et concourir a de la science alimentaire

Les essais théoriques seront diri technologue éminent, M. Crolbo laboratoire à l'Institut Pasteur.

Une très large place sera rése l'enseignement à la question des appareils et ustensiles employés par alimentaire. Un ingénieur diplôm mond Monot, des usines de Diétrich d'organiser cette partie du program

M. Moréal de Brévans, le dist directeur du laboratoire municip voulu se charger de l'enseignemen tant de la chimie appliquée à l'alim

Enfin M. Ed. Jacquet, ingénieur administrateur de l'école, occupe de professeur d' « Alimentation Com

Ajoutons que notre bulletin tra revue bi-mensuelle à laquelle c désormais les personnalités ci-dess le Bulletin Officiel de l'Ecole.

En un mot et suivant l'exemp pays, une Université nouvelle et bi vient de naître en France, celle d Alimentaire. Cette industrie quitt nitivement, le domaine empirique dans celui des sciences exactes, o déjà marquée par les exigences et le sans cesse grandissants de la vie)raine.

Pour le Comité de Direction :
Aug. Corthay.

ıserie Professionnelle

par Nicolas APPERT

fions-nous des Conserves Étrangères

onnons ci-dessous la traduction d'un passage que M. Hamel consacre à la n et l'inspection des conserves ali- s au Canada, dans le traité qu'il publie ment. (Modern practice of canning

parés avec les règlements qui ré- inspection des conserves alimentaires s-Unis et en Europe, ceux du Canada re à l'état embryonnaire.

otéger les fabricants Canadiens contre rence des Etats-Unis, il était néces- réer une législation, au moins sur le

e parle pas ici de l'inspection des aiches qui est soumise à un groupe s et de vétérinaires de valeur.

l'acheteur éclairé de conserves ali- quelles qu'elles soient, viandes, fruits ou légumes est loin d'avoir même sécurité.

glement en date de 1908 qui régit l'ins- es conserves alimentaires nous dit : *ıbstance alimentaire ne doit contenir nuisible, produits chimiques, colo- antiseptiques*, et plus loin on nous *era fourni aux Inspecteurs par les Ministère de l'Agriculture les noms ptiques et colorants inoffensifs dont st permis. L'addition de tout autre le produit de recevoir l'étiquette l'inspection.*

« Nous comprenons bien que les chimistes du Ministère sont là pour condamner tout produit alimentaire où l'analyse révèlerait la présence d'un produit chimique dangereux, mais pour ceux qui sont au courant des discussions en cours entre les hygiénistes les plus distingués du monde entier au sujet de la plus ou moins grande nocivité de tel ou tel antiseptique, la satisfaction est maigre.

« Je répète que le fabricant de conserves en boîtes n'a pas besoin d'antiseptiques pour assurer la conservation indéfinie de ses produits. La stérilisation lui suffit.

« Pourquoi donc ne pas faire comprendre au monde entier que les mots « CANADA APPROVED » de l'étiquette signifient absence entière de susbstances nuisibles, aussi bien dans les conserves que dans les viandes fraîches.

« Que si quelques antiseptiques sont considérés comme inoffensifs par le Ministère de l'Agriculture, pourquoi ne pas faire connaitre au public comme aux fabricants le nom de ce qui est permis et de ce qui est prohibé?

« Le règlement de 1908 ne prend nullement en considération la qualité de la soudure employée, pas plus que celle de l'acide, et il semble que sur ce point les japonais sont bien en avance sur nous lorsqu'ils donnent les commandes pour leur armée.

« Pour en finir, il semble que des instructions plus complètes auraient été pour le plus grand intérêt du fabricant lui-même, en donnant au public consommateur une garantie parfaite de sécurité. La consommation en aurait été accrue en regagnant la confiance des consommateurs qui sont peu confiants dans les conserves, généralement sans raisons, d'ailleurs. »

G. T. Hamel, ingénieur.

L'auteur faisant une œuvre purement technique et non de polémique est évidemment très modéré. Mais pour qui lit entre les lignes et pour nous qui savons combien sont rares parmi le personnel de l'inspection les gens compétents, toutes les places étant prises par les politiciens, nous ne nous sentons pas rassurés en pensant que nous sommes inondés des saumons et des homards boratés en boites du Canada et de l'Orégon. Il est vrai que ces conserves sont actuellement sous la surveillance du département de la Marine. Mais où sont les règlements et où sont les inspecteurs de ce département?

Il y a quelques jours au Havre, l'administration des douanes françaises mit l'embargo sur un arrivage de boites de viandes, sous le prétexte qu'il avait été trouvé dans les boîtes des morceaux de collier, de joues et de jarrets de bœuf. C'est une chose certaine, que dans la composition des viandes, destinées à l'emboîtage et qui sont vendues par les fabricants presque au prix coûtant, les droits de douanes absorbant absolument la totalité du bénéfice et au delà; il faut donc que les packers du Nouveau Monde comme de l'Australie retirent d'abord d'un animal ce qui compose la 1re catégorie, savoir : les cuisses, les aloyaux avec les filets. Ce qui reste, la 2e catégorie, c'est-à-dire tous les quartiers de devant, de la tête au filet! est pour la boîte, *et il ne peut en être autrement*. Cette chicane cherchée par la Justice est inepte, elle prouve que Messieurs les experts du Havre auraient besoin de se renseigner avant d'agir; ce sont ces vexations continuelles qui autorisent la remise en état des boites avariées et fuites au grand dommage de la santé publique.

Ce que Messieurs les inspecteurs devraient exiger avec beaucoup plus de sévérité, *ce sont les certificats des inspecteurs vétérinaires* attestant que les conserves accompagnant leur certificat ont été faites avec des viandes saines, inspectées avant et après l'abatage, et que la fabrication est irréprochable. Que toutes les conserves étrangères et des *colonies françaises* soient soumises à cette réglementation, qu'il n'y ait pas de passe-droits, que les viandes pour le public, pour les provisions de bord et pour les *établissements pénitentiaires* soient soumises au même régime; nous ne reverrons plus alors la honteuse décision d'un sous-secrétaire d'Etat, proscrivant de son autorité privée, sans sanctions, toute une fourniture parce qu'elle était de provenance Calé
faite sous les ordres et en présence c
du vétérinaire, M. Le Major Lang,
furent proscrites tandis que celles f
à 300 kilomètres plus loin ne sont n
ni inspectées et entrent franches d'i
en France? Est-ce qu'il y aurait c
droits divins des sociétés tabou! C'est
à laquelle le Syndicat des Fabrican
serves Françaises va éclaircir n'étant

Dans l'Amérique du Nord, les règ
la législation sont très bien rédigé
sont pas appliqués aux Usines ne f
l'Exportation? C'est du Bluff pour l'

Nicolas

Les Viandes Pasteuri

UNE RÉPONSE D'OUTR

Ottawa, 11

Cher Monsieur Corthay,

Je viens de lire avec beaucoup d'i
votre bulletin de mai un article co
« Viandes Pasteurisées ». J'abonde
sens, et voici le résultat de mes ob
personnelles.

Les accidents, d'ailleurs très rare
dûs à la consommation de conserve
des peuvent provenir de deux cau
ment :

1° Mise en boîte de matières déjà
la santé ;

2° Seconde stérilisation de boites
que l'on a essayé de réparer.

Il faut que le fabricant soit bien
ce point que la stérilisation détruit
les vivants et leurs spores mais ne
les poisons (toxines ou plomaïnes)
déjà exister dans la viande fraîche.
tile d'essayer de faire passer dans l
mation des produits que l'on ne ve

ner à l'état frais. On a souvent cons-
cas d'empoisonnement par des viandes
du gibier, des poissons, crustacés,
cela ne veut pas dire que le public doit
r de consommer ces divers produits.
devoir des gouvernements d'établir
mes d'inspection assez sérieux pour
munir de ces accidents.

ond point est de faire comprendre au
t que, quelque soit la perte pécuniaire
en résulter pour lui, il doit s'abstenir
iser une seconde fois les « fuites ». Je
pas ici, bien entendu, des « fuites »
découvertes immédiatement après la
e l'autoclave Mais de celles qui sont
rtes après que les boites ont séjourné
endant quelques jours avant le vernis-
l'étiquettage. Dans ce cas, le temps a
sant pour que des transformations or-
s se produisent, que des ptomaïnes se
ou que des sels de plomb et d'étain se
ent sous l'action des acides engendrés
ict de l'air qui a pénétré par la fuite.

passant les boites à l'autoclave, après
on de la fuite découverte, une nouvelle
fois certaine stérilisation sera obtenue.
les se conserveront indéfiniment, et le
mateur ne sera averti du danger ni par
gonflé de la boite, ni par l'odeur du
. Mais les toxines formées pendant les
s jours ou la boite est restée dans un
une température spécialement favora-
fermentations subsisteront, et le con-
teur s'en apercevra.

la nécessité de détruire les boites fui-
e maison tient à sa réputation. J'ai vu
nt de cas de ce genre en Amérique que
a à signaler le danger à vos lecteurs.

re dévoué,

G.-T. Hamel,

174 Box P. O Ottawa (Canada)

Le Hareng

LE HARENG

Famille des CLUPÉIDÉS, *qui comprend aussi l'Alose, le Chebouka, la Féra, le*

— SUITE —

Lorsque les chairs auront été passées deux fois au hachoir Alexandre, mettez-les dans la mélangeuse et travaillez bien le tout. Les épices, le sel, les œufs, le lait doivent être mélangés avec la farine et la fécule et introduits peu à peu dans la mélangeuse, cette masse est ensuite poussée à la poche dans les boites qui sont serties de suite et passées à l'autoclave.

1/4 et 1/2 40 minutes à 108°.

500 gr. 45 minutes à 108°.

1 kilo 1 heure 1/2 à 100°.

Cette formule est usitée dans les usines allemandes et danoises, mais lorsque l'usine a le matériel nécessaire des pâtissiers, la préparation est la suivante :

Vous faites cuire avec le lait la farine et la fécule en remuant continuellement, faites-en une **crème épaisse** et cuite, retirez-la du feu, incorporez alors les œufs et le beurre, peu à la fois, ajoutez les épices, versez cette crème sur une plaque et laissez refroidir jusqu'au lendemain. Faites alors le hachis en mélangeant les chairs et la crème, si la masse est trop ferme ajoutez un peu de lait.

Beignets de poissons

Quelques fabricants de conserves se sont mis à fabriquer ces beignets pour l'exportation. Mais ce sont des préparations spéciales aux maisons de pâtissiers-traiteurs. Voici la formule :

14 livres de chairs de poissons, 4 … bouche bien pleines de farine de … 4 cuillères à bouche de farine de r… lères à bouche de sel fin, 2 cuillères … muscade et 1 de poivre blanc, 2 … beurre, 4 œufs entiers, 4 litres de … ferez une crème cuite avec tous les co… quand elle sera cuite ajoutez le be… œufs, faites refroidir, faites alors … assez ferme pour qu'elle puisse se … boulettes sur la table farinée, les … doivent être de la grosseur d'une noix … frire dans de la bonne graisse; dès qu… colorées, égoutez-les et mettez en b… les juterez avec une sauce faite avec … de poisson très concentré que vous … les têtes et les arêtes des poissons. V… ces sauces indiquées dans les cons… mandes.

Donnez à l'autoclave le même tem… son que pour les pâtés : il s'en fai… usage pendant le carême dans tou… catholiques du Nord et même en Ru…

Quenelles de poisson

Formule : 20 livres chairs de poiss… de beurre, 10 cuillères à bouche d… riz ou de pommes de terre, 8 cuillère… de sel blanc, 4 cuillères à café d… rapée, 1 cuillère de poivre blanc. … cela avec les mains, puis passez de…

hacher, puis mélangez bien; tra-
te masse afin qu'elle soit bien liée,
sur la table ou sur le marbre, roulez-
forme d'un bouchon; faites pocher
les dans un poêlon d'eau salée, mais
ire bouillir. En 10 minutes les que-
ont pochées, retirez-les de l'eau et
refroidir sur un tamis; il faut que
les restent dans la forme moulées,
e perdent pas leur corps gras, et
qualité des poissons et l'époque de
beurre peut être remplacé par de la
veau ou de bœuf et la même quan-
me cuite que de beurre. Les quenelles
oivent avoir une longueur de 4 centi-
les se placent droites dans les boites.
vez les juter avec le jus de poisson
et gélatineux, donnez à l'autoclave
s à 100° pour les 1/2, 1 heure pour

Les Laitances

Bulletin de mars 1909, l'utilisation
ts provenant de la préparation des
arengs fumés a été indiquée, ces pré-
ont donné un excellent résultat sous
« Caviar français » pour utiliser les
és et fumés. Voyons maintenant à
les laitances, une même étude ; les
luits qui n'ont pas de valeur à l'état
uisque jusqu'à présent, mélangés
êtes, les peaux, les arêtes, ils ne ser-
e comme engrais, la minime quan-
itances mises en boites et sous une
huile d'arachide était peu appréciée,
sur la demande de quelques abonnés,
à tirer parti des laitances fumées, des
salées, ainsi que des laitances fraî-
s dernières sont déjà utilisées par les
s anglais, mais à l'état tellement na-
e le goût et l'odeur du poisson con-
ns la boite donne un produit très
is peu appétissant ; tous les amateurs
gs frais cependant apprécient à sa
ur une laitance grillée dans un pois-
et la quantité de matières azotées qui
nt les œufs comme les laitances, en
font un produit alimentaire plus riche que les viandes de bœuf ou de mouton, et l'assimilation en est si facile que l'on peut en manger impunément chaque jour, les œufs contiennent 1.40 % de phosphore et les laitances 2.25 %, ce qui en fait un aliment précieux pour les enfants et les jeunes filles.

Laitances fumées

Dès que les harengs sont flaqués, c'est-à-dire la tête coupée, la peau arrachée et que vous procédez à l'ouverture du poisson, ayez soin de détacher d'un coup de pouce l'intérieur sans l'écraser, le travail étant facilité par ces premiers soins, parez alors chaque laitance en enlevant les intestins desséchés, ainsi que la membrane blanche qui les entoure, et procédez à l'emboitage.

A cet effet, chaque emboiteuse doit avoir près d'elle une petite casserole contenant du beurre fondu, chaque laitance trempée dans le beurre est mise en boites ; sans autre chose, la petite boite ou le petit verre ovale bien plein, la boite est alors sertie, puis passée 20 minutes à la désoxygénation à 90° ; à ce moment bouchez avec une goutte d'étain le point percé, laissez refroidir à plat, et ensuite vous pourrez essuyer et mettre en caisse.

Si les laitances sont emboitées dans des petites terrines ovales en verre en se servant du bouchage auto-pneumatique, l'opération est la suivante : les verres bien pleins, essuyez les bords, placez la capsule et le ressort, puis plongez à l'eau froide que vous amenez à l'ébullition. Sitôt qu'elle commence, marquez l'heure et laissez 25 minutes à 100°, ne touchez pas les verres avant que le refroidissement ne soit complet ; la meilleure manière de les employer c'est de les étendre sur une tartine de pain beurré et grillé ou d'en faire des allumettes en pâte feuilletée et cuite au four, les cuisiniers polonais et russes en font la garniture des blignis ou beignets de pâte levée.

Laitances salées blanches

Elles sont retirées des harengs salés mais non fumés, et comme toujours après avoir séjourné longtemps dans le sel, il faut apporter pour les préparer les mêmes soins que si elles étaient fumées, les approprier et les passer dans le beurre fondu, la préparation est identiquement la même que ci-dessus, comme emploi, elles se prêtent mieux que les fumées pour les préparations culinaires, les pâtissiers les emploient beaucoup pour assaisonner les pâtés de poissons, et les charcutiers allemands les préfèrent aux sardines salées dans les saucisses et saucissons, employées en petite quantité, elles servent de condiment sans que leur goût soit prédominant.

Les boîtes de fer blanc doivent être garnies de papier sulfurisé, il faut éviter aux laitances le contact du métal.

Laitances fraîches

Pour les obtenir dans cet état, il faut du poisson très frais, ce qui est le cas lorsqu'on a beaucoup de kippers à fabriquer. Après avoir gratté et écaillé les harengs frais, mettez-les 6 heures dans la saumure suivante faite à froid : 100 litres eau douce, 12 kil. 500 sel marin, 3 kil. 600 sucre de canne, 500 gr. florine, 100 gr. teinture d'iode ; au bout de 6 heures, retirez les poissons en les égouttant soigneusement afin de ne pas perdre la saumure, ouvrez-les par le dos en fendant la tête, et mettez au fumoir comme il est indiqué dans cette fabrication, quant aux laitances qui se sont raffermies dans la saumure, elles sont de suite posées sur des grilles à friture les unes à côté des autres, jamais l'une sur l'autre, et plongées dans un bain de friture d'huile chaude, juste assez pour les pocher sans les frire, si elles éclatent c'est que la friture est trop chaude, il suffit de quelques minutes pour leur donner la fermeté nécessaire à l'emboitage ; elles sont alors emboitées et couvertes de beurre fondu ou d'huile d'olive pure, dans ces deux cas, les laitances doivent être assaisonnées de poivre et épices diverses, et une fois soudées, la désoxygénation doit être complétée par le même temps d'ébullition.

20 minutes de désoxygénation à 90° et 20 minutes de stérilisation à 100°, laisser bien refroidir les petites boîtes avant de le[s] ces laitances sont aussi recouvertes

Sauce Diable

Formule :

9 litres vinaigre de vin.

1 litre égoutture de vinaigre ayant s[…] les pickles et qui a toute la saveur des

1 kil. 500 sucre de canne.

2 cuillères à soupe de curry.

3 cuillères à soupe de moutarde de

1 cuillère à café poivre blanc moul[u]

1 litre jus de champignons. (Voy Soja).

L'écorce de un citron rapé.

3 cuillères à soupe de sel fin.

1 cuillère à café poivre de Cayenne

1 cuillère à café muscade en poudr[e]

1 cuillère à café girofle en poudre.

1 cuillère à café canelle en poudre.

1 cuillère à café florine en poudre.

Faites infuser tout cela pendant dans un vase de grès, ajoutez alors u[n] deux de bon vin blanc, faites bouilli[r] 5 minutes, passez ensuite dans une servez-vous de ce jus pour juter les l[…] les laitances sont alors désoxygénées tes à 90°.

C'est un apéritif très stomachiqu[e] recommandé.

Cette même sauce s'applique pou[r] dines à la Russe et pour les harengs

---

PRÉPARATIONS ÉTRANG[ÈRES]

DEUXIÈME PARTIE

Harengs à la Bismarc[k]

Bismarckheringe

Choisissez de beaux harengs b[…] écaillez-les, coupez têtes et nageoire[s] les par le dos avec un couteau bien [t…] Ne laissez pas de chairs sur l'arête, [e…] intestins et avec une brosse de chie[n…] levez les peaux noires du ventre, [l…] dégorger dans de l'eau salée et un

sque les chairs seront fermes et blan-
.rez-les de l'eau et rangez-les bien à
un cuveau, recouvrez chaque couche
poignée de sel blanc, et laissez 12 à 18
ı salaisons, puis vous les retirerez et
tremperez dans une toute petite quan-
fraîche, simplement pour faire tom-
et aider au séchage, avant d'emboîter
ıgs, ils faut qu'ils s'égouttent et se
bien sur des grilles à l'air ou au sé-

s les eaux de lavage et la saumure se
à part, elles servent pour laver les
arengs au moment de l'étripage.
oîtes sont fleuries avec des rondelles
s salés, une petite parcelle d'écorce de
quelques grains de moutarde. Rangez
ngs ouverts dans les boites et à chaque
remettez la garniture d'oignons et de
e, lorsque les boîtes sont bien pleines
rtir, et par la capsule introduisez un jus
fait avec du vinaigre à 8° cuit et salé.
tres eau ; 8 litres vinaigre.
s sel blanc.
vorcester sauce.
s bouillir et laissez refroidir avant de
yer.
que les boites sont jutées, fermez la
, et tous les jours pendant une huitaine
ez les boites de bout à bout. Après 8 à
de manipulation, les boites sont prêtes
vente.
l pour la salaison est préparé avec du
fines 100 kil., 1.500 florine. Si pendant
urs d'observation, vous apercevez les
qui bombent, dessoudez la capsule, en-
jus, laissez bien égouter les boîtes, re-
du jus frais et capsulez, remettez en
tion — ce bombage provient souvent
nons pas assez confits dans le sel.
s que vous avez retiré, faites-le re-
, en lui donnant pour le remonter un
vinaigre pur et filtrez-le avant de l'em-
de nouveau.
éviter que le vinaigre détruise l'étain,
on d'employer pour cet usage des boîtes
.

Le deuxième choix des Bismarkheringe peut se faire avec des harengs d'Ecosse gras et salés, pour les écailler et les vider faites-les dégorger à l'eau douce, le vinaigre détruit le sel et réciproquement, si vous employez des harengs salés, ne mettez pas de sel dans le jus, cette préparation de harengs se fait en boîtes de 4 litres, 3 litres, 2 litres, 1 litre et 1/2 litre, le vinaigre doit être du bon vinaigre de vin, et non de l'acide acétique ou autres produits chimiques.

Les Rollmops en boîtes de 4, 5, 1 et 500 gr.
Les Harengs à la moutarde » »
Les Brat-herringe (harengs rôtis).
Les Harengs à la gelée.
Les Anguilles à la gelée.
Les Lamproies à la gelée.

Les Rollmops de Harengs

Les rollmops ne peuvent et ne doivent être faits qu'avec des harengs frais n'ayant pas été à la glace, et n'ayant pas plus de deux nuits.

Avant de les mettre au sel, il faut les écailler, couper la tête, tirer les tripes, mais laisser les rogues et les laitances, les laver à l'eau fraîche et abondante, les mettre en barils debout, chaque lit de harengs doit être salé au sel de mine. Lorsque le baril est bien plein, foncez-le et serrez les cercles, couchez le baril sur le chantier, et découvrez la bonde, introduisez alors de la saumure à 20°, saumures de sang provenant des harengs préparés l'année d'avant. Ces saumures soignées et tirées au clair, sont mises dans des fûts propres et conservés en caves à 24° de salaison.

Veillez que le fût que vous venez de remplir soit bien plein; remettez la bonde sans la forcer afin de laisser échapper les gaz du poisson, 48 heures après retirez toute cette saumure sans remuer le tonneau, par le trou du robinet qui est fermé avec un bouchon de bois (le guichon), pesez cette saumure, elle doit avoir baissé de degrés, le fût bien égoutté, remettez le bouchon, et par la bonde introduisez de la saumure nouvelle à 20°, cette deuxième saumure doit être suffisante pour conserver les poissons.

Ceci c'est la provision, c'est le stock dont

vous ne commencerez l'emploi que lorsque les harengs frais seront terminés.

Il faut absolument que le hareng soit bien frais, sans cela la peau du ventre n'a plus de résistance, et les deux filets se trouvent séparés, c'est ce qu'il faut éviter, lorsque le cas se présente que le poisson est mou, il est préférable, sitôt écaillé et vidé, de le saler au sel sec, ou en pleine saumure pendant 24 heures, fendez-les ensuite avec un couteau par le dos, enlevez l'arête ainsi que les épines du coffre, et avec une petite brosse, retirez les peaux noires, les chairs alors sont salées et assaisonnées et mises en couches régulières dans un cuveau, chaque lit après avoir reçu sa provision de sel et de gros poivre est parsemé de tranches d'oignons, d'une poignée de Julienne faite avec des carottes salées, quelques feuilles de laurier, genièvre en graines, moutarde et coriandre, couvrez le baquet avec un faux fond, mettez quelques pierres et laissez confire pendant 8 jours. Il faut que pendant ces 8 jours de salaisons, les harengs soient recouverts de liquides, s'ils ne rendent pas assez de saumure, il faut en ajouter un peu, surtout sur les côtés, jamais le poisson ne doit être à sec. Les poissons peuvent rester beaucoup plus longtemps dans le sel, ils gagnent au contraire à se confire. Lorsque le temps est arrivé de les rouler, il faut retirer les poissons du baquet sans les briser, avec tout leur assaisonnement, recueillir toute la saumure d'égouttage et la filtrer dans une flanelle. Chaque hareng est alors mis à plat sur la table, garni avec une pincée de carottes et d'oignons marinés. Roulé et assujetti avec quelques chevilles de cordonniers, tous les marchands de crépins vendent ces chevilles au litre ou au kilog.

Les Rollmops sont alors rangés dans leurs récipients, tonnelets, boîtes ou vases de verre, les tonnelets sont de 1000 Rollmops, Fs 45 ou de 450 poissons pour 23 fr. 75 fûts compris. Après vient les boîtes de 8 litres et 4 litres, tout cela c'est la grosse vente pour hôtels, brasseries, épiceries, comestibles, les boîtes, barillets ou vases de verre sont plus petits, 500 gr., un peu plus garnis et le jus soigné. On ajoute dans la garniture des lames de nichons au vinaigre, une lame de rouge, laurier, thym, graines de m coriandre et baies de genièvre.

Le jus est un mélange partie égale nade cuite et filtrée, vinaigre à 8 degr mélangé avec la saumure ou jus du po moment de verser le jus sur les ajoutez-y pour chaque litre de liquid tilitre d'acide benzoïque, couvrez les avec ce liquide et laissez infuser 8 jo de fermer les boîtes ou les vases, c tonnelets, ainsi qu'aux grosses boi laisserez la bonde ouverte ainsi que la pour pouvoir les ouiller tous les jours tourner; ces marchandises ne doi voyager avant 8 jours de repos.

Harengs Marinés Sauce Mo

Senfheringe Pikanter-Sauce

Ceci est une conserve de hareng aux pays du Nord. C'est un hors-d'c stomachique et très apéritif.

Les harengs frais sont écaillés, les coupées, la tête et les intestins retir ensuite dégorger le hareng 12 heur l'eau de mer ou dans une saumure à le égoutter ensuite dans des corbeill rangez les poissons dans des baquets de 50/60 litres de contenance. Ces baq qu'un fond et sont cerclés de bois, fer, rangez les poissons par lits, l dirigées vers le centre, sur chaque li de sel aromatique ainsi composé :

50 kil. sel de Mine.

1 kil. conservaline.

2 kil. florine.

Pour saler un baril de 50/60 kilos kil. de ce mélange, couvrez le poisso faux fond de bois perforé et une cha vés de 25 kil. Versez alors par dessu mure de sang bien limpide et laiss pendant un mois, surveillez les ton qu'il y ait toujours de la saumure et du poisson puisse monter, ce qui toire, cette huile si elle ne monte aux poissons un goût de rancé.

ikante. — Faites cuire dans 25 litres lant 2 heures, quelques poignées de laurier, thym et sauge et 25 grammes gar, ajoutez 25 litres de bon vinai- 1 kil. farine de moutarde en poudre e ou de la Dijon très pure, laissez eux minutes et passez le tout au tra- tamis de crin, dit de Venise, qui est uge et noir.

engs marinés sont retirés de la sau- ès en avoir retiré les pavés, toute la huileuse est égouttée, sans que le oit touché. Au besoin la partie supé- baquet est lavée avec de la saumure e, toutes ces saumures sont recueil- un puisard où elles se déposent, i surnage est recueillie et les sau- nt alors filtrées sur des couches de

ites destinées à ces poissons sont et vernies à l'intérieur, au fond met- rondelle de papier sulfurisé de la nension. Les harengs sont alors cou- onçons obliques, chaque morceau re- t un losange. Sur chaque lit de pois- tez quelques graines de moutarde, de et de cumin.

ndes boites pèsent 4 kilogs brut pour ntiennent 34 harengs entiers ou en

de juter les boites, remuez bien la ajoutez pour chaque litre un centilitre enzoïque, que vous le vouliez ou pas itable, il faut, avant de les expédier, s boites une fois fermées huit à dix repos. Pour faciliter la fermeture des e les jutez par la capsule qu'une fois chaque jour faites le plein des boites, oyen d'une de ces boites est de 2 fr. 25 s suivant les années.

tites boites de 350 à 500 grammes sont avec des petits losanges choisis, de issons ayant encore la laitance, ou la boites sont suivant le goût des clients, avec des ronds de gros cornichons quelques tranches de céleris ou de pieds de fenouil, et une pincée de poivre en mignonnette, la sauce doit être légèrement jaune, si la moutarde n'a pas suffi ajoutez un peu de curcuma, toutes ces conserves ne sont pas destinées aux pays chauds n'étant pas stérilisées.

Les petites boites larges et basses ont ordinairement la fermeture dite « forcée », que l'on peut ouvrir avec une pièce de monnaie.

Harengs rôtis *(Bratheringe)*

En boites de 1 kil., 2 fr. 25.— 1/2 kil., 1 fr. 35

Les harengs écaillés, étêtés et parés, sont salés vingt-quatre heures en pleine saumure aromatique, s'ils sont gros et bien pleins laissez-les trente-six heures avant de les égoutter, de les couper en tronçons carrés et de la hauteur des boites, les tronçons sont rangés debout sur les grilles dites à saumon et laissez-les bien sécher, que la peau n'en soit plus humide, les tronçons sont alors farinés avec de la farine d'orge ou d'avoine, puis rôtis dans la poêle dans un corps gras, rarement de l'huile, les tronçons sont presque recouverts de graisse sitôt colorés d'un côté d'une belle couleur brun clair, ils sont retournés sur l'autre côté au moyen d'une petite palette de fer.

Le fond de la poêle doit être épais afin que le poisson se rôtisse sans se brûler, les tronçons sont retirés et remplacés de suite, le rôtissage est ininterrompu, le vase de graisse fondue est toujours près de la poêle, le feu ne doit pas être trop vif mais régulier.

Lorsque les tronçons sont égouttés et froids, emboitez-les debout, assaisonnez alors chaque boite avec poivre, girofle et marjolaine, moulus ensemble et à poids égal ; le poivre et la marjolaine pendant la mouture dans le moulin à disques, absorbent toute l'huile des clous de girofle. Jutez les boites pleines avec quelques cuillerées à soupe de bouillon cuit, composé de deux tiers d'eau et d'un tiers de vinaigre, sertissez les boites et passez à l'autoclave une heure et demie à 100° pour les kilogs et une heure vingt à 100° pour les demi-boites.

Harengs à la gelée

Prima heringe in Gelée

4 litres, 2 fr.— 2 litres, 1 fr. 20.— 1 litre, 0,70
1/2 litre, 0,50.

Toutes les boîtes sont doublées intérieurement d'une feuille de papier sulfurisé; les poissons sont en tronçons, les prix indiqués sont les prix de gros de cette année 1910. Nouvelle fabrication.

La préparation des harengs est la même que pour les harengs rôtis, lorsque les tronçons sont bien séchés, rangez-les dans les boîtes garnies de légumes au vinaigre, oignons, carottes, céleris, concombres, etc., mais pas d'épices nature; faites sertir les boîtes et par la capsule introduisez à chaud le jus suivant :

35 litres bouillon de légumes, dans lequel vous faites dissoudre 50 grammes Agar-Agar, lorsque cette colle est complètement fondue, vous versez 500 grammes de curry-peper indien, 1 kilog sel et 5 litres vinaigre et 10 litres vin? le tout doit faire 50 litres, avec ce jus, une fois les boîtes serties, faites le plein des boîtes, que vous désoxygénerez vingt-cinq minutes à 90° avant de fermer la capsule, passez à l'autoclave sans pression pendant une heure pour les boîtes de 600 grammes et quarante-cinq minutes pour les demi-boîtes de 350 grammes environ.

Maintenant que vous avez pu recueillir dans les précédents Bulletins toutes les formules pour la fabrication des épices, faites-les vous-même cela sera plus sûr, vous ne paierez pas de la poussière de brique ou de talc, et de grignons d'olive pour des poivres purs.

Gelée de poissons

C'est rare, bien rare, lorsqu'un fabricant vient me dire : indiquez-moi une formule pour faire quelque chose de bien bon comme gelée pour hareng, si le hareng coûtait 3 francs le kilog tout le monde le trouverait délicieux, mais comme souvent il ne coûte qu'un sou ou deux la pièce, il tombe dans les choses communes. C'est un tort, car c'est un bon et excellent poisson fin.

Voici la formule d'une gelée qui va très bien avec le hareng, qui est un peu plus (la précédente mais la qualité est ext 25 litres de bouillon de légumes frais botte de poireaux, céleris, persil et ajoutez au bouillon une cuillerée à poudre de cèpes, 50 grammes Aga une seule pastille de boule à pot-au- lui donner la teinte de jus de viand ajoutez 100 grammes épices fines di lantines, 1 kil. sel fin, 15 litres vin litres vinaigre, passez cette gelée à l et jutez vos boîtes serties; toujours r commandations, attendre que les boi bien froides avant de les manipulei chairs soient raffermies et la gelée consistance. Cette fabrication peut p tropiques, la gelée restera ferme et rente.

Grosses anguilles à la ge

Starken aal in Gelée

Boîtes de 4 litres, 8 fr. — 2 litres,
1/2 litre, 1 fr. 15

Les boîtes d'anguilles moyennes tiers moins chères.

La première opération c'est de li anguilles lorsqu'elles sont encore c'est l'affaire d'une nuit, les mettre cuveau et les saupoudrer de sel, le bave, sortiront de suite, et comme la prompte au contact du sel, l'anguil plus ferme et de meilleure qualité; le un crochet bien pointu dans la tête, l la bave qui les entoure, les plonger à l'eau bouillante pour enlever la pe est vite fait.

La première qualité demande à ê dée, les autres, non. Coupez-les ensui çons réguliers de la hauteur des boîte un bout de bois rond, expulsez des les intestins, car il ne faut pas fer guille, les tronçons à la cuisson se raient, mettez tous ces tronçons vidé dans des terrines en terre vernie et nez-les avec sel, poivre, muscade, vi huile, avec la main mêlez bien tout mez ou couvrez la terrine et mettez

our une terrine d'une contenance de
aut 2 litres de vin blanc et un verre
le d'olive, 25 gr. de sel par kil. d'an-
es peuvent mariner pendant trente-
sans inconvénient.
: alors la gelée de poissons comme
qué ci-dessus, en y faisant cuire les
queues des anguilles, la teinte colo-
e jaune d'or et non brun-rôti comme
arengs.

Cuisson des anguilles

ncez à égoutter les terrines d'an-
mettez les tronçons dans des grilles
ersez toutes les égouttures dans la
naillée, ajoutez à ce liquide autant
l sera nécessaire pour couvrir un
tronçons, faites chauffer doucement,
oigneusement et au premier bouillon
panier, arrêtez la vapeur et baissez
le de la bassine.
son sans bouillir dure dix minutes.
ez les boites, garnissez-les d'une dou-
papier sulfurisé et collées au salycum ;
panier de la bassine, posez-le sur un
fin de ne pas perdre les égouttures et
s tronçons en boites sans trop les
mme ils auront été déjà parés, il n'y
boiter tout chaud.
ez la cuisson à l'ébullition, écumez et
: toujours de même jusqu'au dernier
e fabricant de tout ce matériel de pa-
grilles pour poissons est M. Chapalen,
den (Finistère).
z alors au bouillon de la gelée, la
les tronçons, ce qui en est la partie la
culente, après en avoir retiré l'huile
age, lorsque vous verserez dans la
tte marinade froide, ce ne doit être
nier moment, lorsque la gelée ne bout
elle est hors de feu, remuez bien dou-
e mélange et passez à la flanelle, jutez
s par la capsule, si les tronçons étaient
hauds, la gelée aussi, ne désoxigénez
nez la capsule et passez à l'autoclave
ssion, 2 heures à 100° pour les boites de
1 h. 1/2 pour les 500 grammes, rafraîchissez dans l'eau froide au sortir de l'autoclave.

Lorsque l'organisation du travail le permet, et il doit le permettre, lorsque la cuisson de l'autoclave est terminée, ouvrez le couvercle, plongez jusqu'au fond le tuyau de caoutchouc et laissez arriver l'eau froide par le fond de l'autoclave, les boites alors refroidissent sans être remuées et peu à peu, c'est ce qui convient pour tous les poissons marinés et en gelée.

Les ouvriers cuiseurs doivent apporter tous leurs soins à ces opérations; avant le dixième jour les boîtes ne doivent pas être ni étiquetées, ni encaissées.

Remarque au sujet du vin blanc

Les vignerons, les cavistes, savent que pour la cuisine les moûts ne doivent pas être mutés, ni les vins décolorés par le bi-sulfite de soude, ni par aucunes vapeurs sulfureuses, aussi, Messieurs les Fabricants de conserves, s'ils veulent obtenir des produits irréprochables et des boites dont l'étamage ne sera pas attaqué, ne doivent employer que des vins blancs non soufrés. Chose assez difficile avec toutes les bouillies que l'on emploie pour combattre les maladies de la vigne, mais il y en a encore de ces vins naturels, pas très beaux à l'œil, mais excellents pour le coffre et surtout pour les apprêts de cuisine.

On va souvent chercher bien loin les causes qui ont noirci les boites à l'intérieur et coloré les conserves, il n'en faut pas chercher d'autres que dans le vin employé.

Lamproies, Murènes à la gelée

(Muranën feinster Aal fish in Gelée)

C'est absolument le même travail que ci-dessus, les lamproies ne sont pas limonées, elles sont blanchies vivantes pour en retirer la peau, les lamproies n'ont pas d'arêtes et elles ne peuvent être cuites que vivantes.

Dans le prochain numéro, nous commencerons la SARDINE dans l'Alimentation.

Deuxième Volume

LA

Charcuterie Française & Étrang

PAR AUGUSTE CORTHAY

—(SUITE)—

Etendez sur la table des serviettes à galantines. Dans chaque serviette, mon lantine de trois à quatre kil. toutes ces viandes en alternant la composition, les sont là pour lier le tout; pour qu'une tête soit bien dressée, il faut qu'elle repre cercles, le premier touchant la serviette, c'est le veau, puis le lard, après le po faire le centre. Roulez alors les serviettes, fermez les deux bouts fortement, puis f le corps avec un cordon ou tresse pour pieds et remettez pendant trois quarts d'h heure les galantines à réchauffer dans le bouillon, mais sans ébullition. Si les sont bien serrées, posez les galantines ou têtes sur un marbre. Mettez sous presse refroidir. Déballez-les lorsqu'elles seront très fermes et faites laver les serviett bouillante.

Etendez sur la table une serviette sur laquelle vous étalerez une crépine de blanche, enveloppez la tête par la crépine que vous couperez de dimensions justes pez avec la serviette, fermez et ficelez, puis trempez les têtes dix minutes dans l' lante pour cuire la crépine, suspendez alors les têtes et ne les déballez qu'à mesu soins afin de conserver les crépines bien blanches. Ces têtes ne sont jamais enve feuilles d'étain et en été elles ne doivent pas quitter le frigorifique, et en hiver il le hâle qui les jaunit et le desséchement.

Fromage Royal (Hoof-Kaas)

Prenez 5 kil. de veau net et propre, coupez-le en gros lardons que vous mettez comme les Nagelholz pendant trois jours, à raison de 75 gr. de sel d'enrobage Lorsque les viandes sont bien enrobées et déposées dans une terrine, couvrez-le peu d'huile d'olive, environ un demi-verre à vin pour une terrine de 5 kil. et un ve vinaigre. Vous remuerez les viandes tous les jours. Le troisième jour vous les cuire telles qu'elles sortent de la terrine, sans y ajouter ni eau, ni bouillon, l'hu viandes doit suffire si la marmite ferme bien et que le feu ne soit pas trop vif.

Vous ferez cuire séparément 2 kil. 500 de couennes fraîches, vous les mélan la viande et vous passerez tout cela au hachoir plusieurs fois, pour finir par la fili fine. La masse ne doit pas être trop dure, le peu de bouillon de la cuisson du vea fire pour donner à la masse de la mollesse, goûtez l'assaisonnement, ajoutez si c saire un peu de gingembre et de Cayenne et un peu de vinaigre, puis incorpore masse 1 kil. de langues à l'écarlate de bœuf ou veau, porc ou mouton. Les langu été cuites, refroidies et hachées gros. 500 gr. de cornichons sortis du vinaigre et ha même grosseur. Faites un mélange parfait. Moulez cette masse dans des formes dans lesquelles vous aurez mis quelques gouttes de gelée bien clarifiée, faites r frigo une nuit, puis démoulez toutes ces coupes que vous dressez sur des assiet entourant de gelée hachée, de cornichons et d'œufs durs en quartier. (Un œuf cu nutes puis refroidi à l'eau fraîche doit faire huit quartiers .

Les Salaisons et la Charcuterie Danoise

dustrie de la salaison ne remonte qu'à la moitié du siècle écoulé. Cependant d'a- recherches de M. le professeur Loudon-Douglas, en 1705, *Edwards Lisle*, dans son l'Agriculture, rapporte que des premiers essais de salaisons avaient été faits dans de Wilhtshire où il existe maintenant de nombreux établissements qui se sont és dans ce travail et dont quelques-uns tuent jusqu'à 2.000 porcs par semaine de six ette quantité paraîtra peu de chose, si on la compare avec certains Packing houses ns qui sacrifient 6.000 porcs journellement. Mais de l'autre côté de l'océan, chez am, le travail n'est pas soigné, vu la qualité plus que médiocre des viandes de s prix de vente sont en rapport, tandis qu'en Angleterre tous les produits anglais tiennent à des prix relativement très élevés, malgré l'énorme importation améri- nous comptons comme produits anglais les salaisons irlandaises et danoises qui tes dans les mêmes conditions que dans les comtés anglais.

méthodes qui étaient en usage vers le milieu du siècle dernier, étaient très primi- les consistaient à enfouir les morceaux de viande découpés dans le sel ou à les im- dans de la saumure produite par les salaisons précédentes.

pratiquait ainsi dans les fermes des Comtés de Cumberland, Westmorland, York- actuellement encore on accorde une préférence aux produits de ces régions monta- , et il n'est pas rare de trouver en Yorkshire des jambons d'un fumet spécial, que eut pas obtenir dans les établissements industriels modernes.

st regrettable que la salaison faite dans les fermes tende à disparaître et que les an- formules soient remplacées par des méthodes plus scientifiques pratiquées en grand s manufactures nouvelles, mais qui n'ont qu'un seul tort, c'est de donner le même même odeur, à tous les produits indistinctement.

Ecosse, en 1814, M. Robert Hendersen fit paraître un ouvrage sur la nourriture du n engraissement et la salaison de ses produits. Mais à cette époque, les progrès rt des manipulations étaient nuls; l'industrie n'était pas née; le porc était monopo- les familles et par les fermes.

st vers 1850 que l'industrie des salaisons s'organisa en Irlande, principalement dans é de Münster, qui compte aujourd'hui neuf établissements sacrifiant chaque semaine porcs. Dans tout le Royaume-Uni, Angleterre, Ecosse, Irlande, le nombre des éta- ents réunis ne dépasse pas cinquante. Mais à côté vous avez des centaines de petits iels en magasin, où dans les fermes. En 1887, l'introduction des porcs danois fut te en Allemagne (qui s'en mord les doigts), ce fut là un coup de fouet. Les Danois ent alors à saler sur place ce qu'ils ne pouvaient plus introduire en Allemagne comme ndise vivante.

e première société coopérative fut créée dans la ville de Horsens, depuis, le nombre pératives n'a fait qu'augmenter et atteignait déjà la trentaine à fin de 1905. Les so- privées prospéraient également, elles sont au nombre de vingt-quatre à la même , ce qui fait un total de cinquante quatre établissements. Mais cet énorme dévelop- t ne fut possible que parce que les Danois imitèrent et ne travaillèrent que d'après mules anglaises et pour la clientèle anglaise, et leurs produits ont été trouvés excel- ur tous les grands marchés du Royaume-Uni. En 1908, les importations des salaisons es ont été évaluées par la douane anglaise à cent quarante-deux millions et demi de

Ce n'est que l'année dernière, à Roscréa, en Irlande, que fut créée la premièr anglaise coopérative de salaisons. L'entreprise a été montée avec un capital de 3' Mais 300.000 fr. seulement furent souscrits par 2.800 actionnaires, les actions ét 25 francs.

L'achat du terrain, les constructions, la machinerie, les caves frigorifiques, le d'installation a coûté 175.000 fr. et le capital restant était à peine suffisant pour fa tionner une telle exploitation, le capital travail sera porté à 250.000 fr. pour traiter par semaine.

La coopérative de Roscréa est à donner en exemple.

Les actionnaires sont pour la plupart des petits fermiers, dès le début, u s'occupa de recueillir les adhésions dans le district; le comité nomma ensuite un d

Dans une pareille entreprise, il faut surtout s'assurer d'un approvisionnement de porcs.

A cet effet les souscripteurs s'engagèrent à fournir un nombre d'animaux dét l'avance, et dont le poids vif était prévu. Des mesures furent prises pour que des peu scrupuleux ne puissent vendre leurs porcs à d'autres établissements et là des rémunérateurs quelquefois, il faut avouer que le cas s'est présenté, mais il est à l des administateurs de l'usine de Roscréa que toutes les offres ont été refusées.

Avant de désigner l'emplacement pour établir une Coopérative de salaisons, pas perdre de vue et prendre en considération que le lieu à choisir devra être situé à p des districts laitiers où les porcs sont en plus grande abondance, les méthodes n d'élevage et d'engraissement du porc consistent en effet dans le mélange de fa céréales avec les déchets ou sous-produits restant après la fabrication du beurre e mage, aussi l'avenir et la prospérité dans l'élevage du porc et par conséquent dans l' des salaisons est-il entre les mains des fermiers producteurs de lait.

L'Elevage du Porc destiné aux salaisons. — Dans toute l'Angleterre, c'e dans le Royaume six variétés de porc bien connues sont appréciées et mises à con par les fabricants de salaisons, ce sont :

Le grand Yorkshire blanc, grande race.

Le moyen Yorkshire blanc, petite race.

Le Berkhine.

Le Tamworth.

Le grand Sulffolk noir.

Le grand Sussex noir.

Les deux meilleures sont le Berkhine et le Yorksire, avec lesquels se font les thentiques. Par le croisement, les autres races sont très appréciées, car il ne croire que les races pures soient absolument indispensables pour la salaison, ce que fessionnels recherchent, c'est le porc à lard, quelle que soit la race à laquelle il ap c'est la nourriture qui fait la qualité.

Le bon porc doit être à maturité entre 7 et 8 mois, et lorsqu'il pèse net 76 kil. poids vif de 98 à 101 kil. les jambons et les poitrines, ou les demi-porcs entiers, fumés sont d'une excellente qualité, mais ces jeunes viandes seraient trop tendr fondantes pour les spécialités françaises ou italiennes, les Lyon, les Arles, les Sala Mortadelles où il faut des viandes faites.

Les gros porcs au-dessus du poids indiqué, ainsi que les porcs d'un poids inféri employés par d'autres industriels employant les viandes fraîches dans la fabricat e nous avons déjà décrite, mais que nous terminerons en même temps que la Char- Danoise qui n'en est qu'une branche.

Construction d'une Usine à salaisons et même de charcuteries diverses peut struite à peu de frais, si on veut bien se dispenser des gros murs en maçonnerie qui obligatoires dans les premières installations. La toiture et les côtés seront en tôle , on réserve la maçonnerie pour les caves, pour les chambres froides et pour les réservés à la machinerie, le moins de murs possibles, de l'air, de l'espace, de la .

locaux pour les opérations diverses seront disposés dans l'ordre des opérations essite le travail, et combinées pour éviter des pertes de temps.

nsemble affectera la forme d'un rectangle pour faciliter la distribution des bêtes s.

porcs sont d'abord débarqués sur une plate-forme à la hauteur des voitures qui les t, puis ils sont pesés, car souvent des fournisseurs demandent à être payés au poids règlements de comptes pour le poids net se font le lendemain lorsque l'animal est nent refroidi et sont généralement supérieurs de 20 pour cent au poids vif. Après ge les animaux sont conduits sous les toits, ou loges à porcs, garnis de litière et propre, et de l'eau contenant un barbotage de farine d'orge ou de maïs, où ils se t jusqu'au lendemain matin, ils sont alors dirigés lentement et un à un vers un parc gé où ils sont entravés au moyen d'un nœud coulant placé à une des pattes de , la chaîne qui porte ce nœud coulant est actionnée à la main ou mécaniquement ne les porcs soient hissés jusqu'à une barre de suspension où ils sont sacrifiés. La faite avec un couteau dans la direction du cœur, permet un écoulement rapide de la sanguine, on ne compte qu'une minute entre le moment où il est enlevé du sol et la Les porcs saignés sont repoussés à l'extrémité de la suspension, et pendant un temps urt, le temps d'en amener cinq, ils sont alors conduits par la barre dans les cuves à er dont l'eau est la température constante de 82° c., là dans ce bain, les porcs y ent un mouvement rotatoire, et sitôt que les crins viennent à la main, ils sont halés tables où ils sont parachevés par un grattage très rapidement exécuté. Un crochet rs fixé à la pointe de la mâchoire inférieure, le porc est alors hissé à la hauteur d'une ur laquelle il glisse jusqu'à l'ouverture d'un four à griller disposé de telle façon que age se fait circulairement lorsque l'animal y descend, cette opération dure un quart ute et ce laps de temps suffit pour que le corps du porc prenne un aspect noirâtre et ni. Ce brûlage est très avantageusement apprécié, parce que d'une part il donne à la une saveur très agréable (ce qui fait la supériorité des salaisons Anglaises), et que part, le gras sous cutané, après avoir subi une fusion momentanée reprend après rmeté qu'il n'aurait pas eue auparavant. Aussitôt sorti du brûloir, le corps grillé est dans une cuve d'eau froide, d'où il ressort pour être alors suspendu par le jambier x pattes de derrière, en passant le jambier dans le gros nerf, ce qui maintient les s très écartées. On procède alors à un dernier grattage, avec des couteaux spéciaux, poignées, et à un dernier nettoyage à l'eau tiède. Le porc est alors ouvert, le contenu nal est immédiatement conduit dans des locaux spéciaux pour y subir les manipu- s appropriées aux différents usages des boyaux, tripes et fressures Le lard (la panne), adhérent à la viande est pesé avec elle ainsi que la tête et les pieds : *c'est le poids net.*

(à suivre)

AUTO-VACUUM

en fonte émaillée

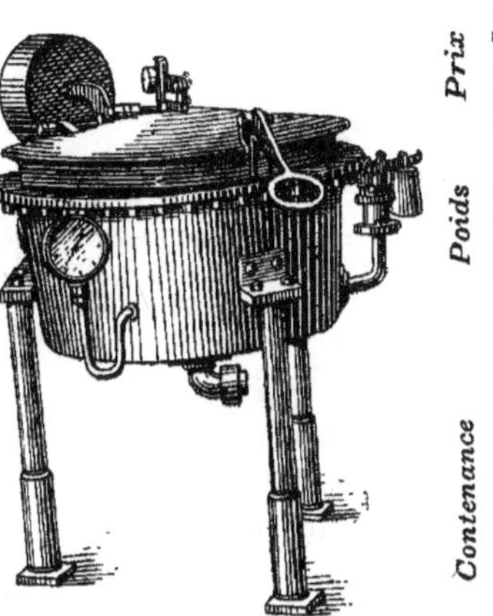

Contenance	Poids	Prix
100 litres........	350 kil.	**500 fr.**
200 litres........	450 kil.	**650 fr.**
300 litres........	580 kil.	**815 fr.**

Petits-Pois, Tripes, Pieds-Paquets Viandes de Conserves, Saindoux, Graisses.

DÉNOYAUTEU

pour Cerises et Mirabelle

Petite Machine à ress
matique, enlevant d'un
les noyaux à 42 cerises,
pas le fruit, ne l'écrase p
pas de pertes; la machine
pra
pès
Inv
pu
500
sor
tio
P

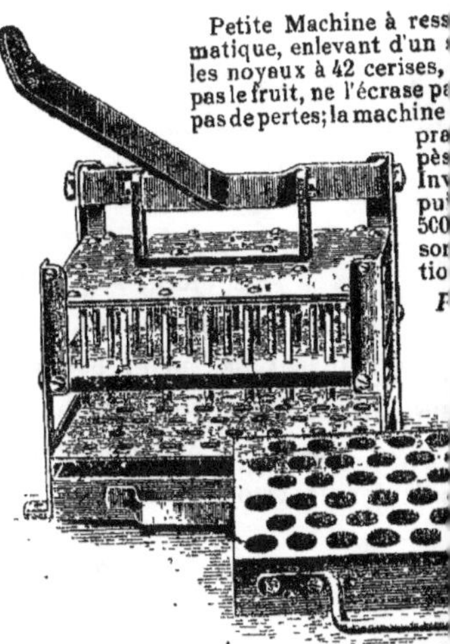

Transport et

S'adresser à **L. MERMIN, à Meulan (S.-et-O.)**

Le Bijou

Sertisseuse à main

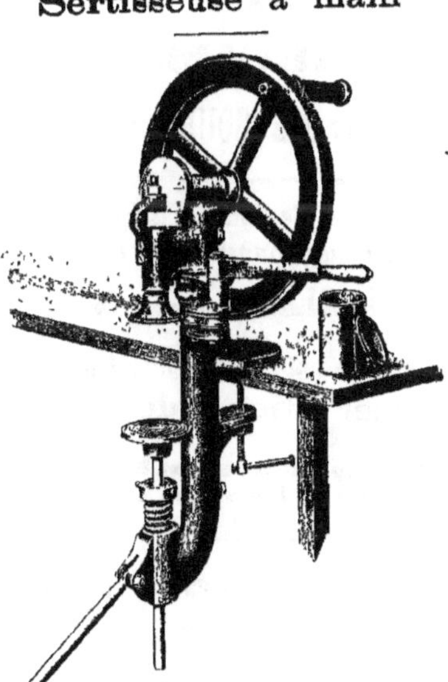

125 fr., *avec un mandrin au choix*

L'Idé

Sertisseuse au

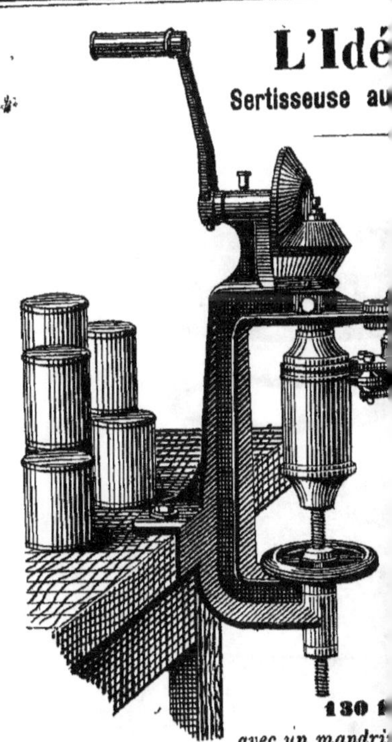

130 f

avec un mandri

des Produits fournis par la Charcuterie Française et Etrangère à ses abonnés et à ceux du Bulletin

ÉPICES (Cours de Mai-Juin)

Truffe, pour foies-gras et produits truffés, le kil........................ 12 »
:hay, pour galantines, de volailles, pâ'és de poissons, le kil............. 10 »
outes les combinaisons où il entre du gibier, ajouter à l'épice ci-dessus, un hachis échalottes de persil cuit dans le beurre.
:ue en flacons spéciaux pour l'assaisonnement des soupes tortues, des ouillabaisses, des poissons marinés et des Roll-Mops, le kil............. 9 »
ry, currie pepper Anglais.. 8 »
— Américain.. 8 »
s Rivale, article spécial pour charcutiers, 1er choix................... 8 »
matique pour cuisiniers et moutardiers .... 6 »
Florine pour la conservation des Saumures, viandes et poissons frais, le kil 2 50
rate pur de potasse, par 100 kil.................................. 120 »
ueur n° 4 p^r conserver les boyaux et éviter toutes fermentations, le litre. 5 50
me de riz extra pure, les 100 kil.................................... 40 »
uchures de truffes, au cours.
es-gras en bidons, brut, prix net le kil............................... 6 50
.isse de foies-gras, le baril de 100 kil.............................. 200 »
:taches, le kil.. 7 50
:pelure blanche et rouge, de **0 fr. 90 à 1 fr.** le kil.
.vre gris Saïgon trié en balle, le kil.................................. 3 30
— **blanc Singapoore**, en balle, le kil.................................. 4 50
— **Saïgon blanc**, la balle.. 4 20
prika de Hongrie, le kil. (droits acquittés)............................ 10 »
nenton de Murcia, — — — 6 60
vre rouge piquant (Cayenne), droits acquittés......................... 11 »
nièvre extra choisi pour choucroûte, le kil............................ 1 10
riandre.. 0 80
urier, Thym, Sauge, Marjolaine, Basilic, Romarin, Origan, enthe, Sarriette, au cours.
:atines, Colles du Japon, Colorants, etc., au cours.
reconstituant pour légumes secs, le kilo............................ 2 50
ar-Agar, pour gelées et confitures, le kil............................. 5 75
:éparations pour Anchois de Norvége, le kil..........................
ouge Saucisson pour Viandes et Boyaux, la dose pour 1 litre extra
euf et Lapin en boîtes pour Charcutiers, le kil........................
:yaux secs salés, saumurés, calibrés, au cours
:oduits Anglais autorisés et inoffensifs pour Beurres, Salaisons de Porc, de Langues (voir le catalogue)
queur n° 1, décapage des Champignons de Paris, la dose pour 100 lit. 2 50
queur n° 2, pour le jus des Champignons. la dose pour 100 litres.... 3 50
queur n° 3, pour prévenir l'oxidation des fruits et légumes, le litre.... 3 50
:us les Colorants pour Tomates (voir prix page IX)
:rt-Épinard pour petits Pois secs et Epinards » »
:lorants et **Essences**, pour fruits et liqueurs et beurres.............
:rine pure de **Moutarde**, genre anglais................................
» » » genre français................................
)00 kil. **Graines du Levant**, par 1,000 kil. **10** fr. les 100 k, à Marseille
)00 kil. **Graines de Bombay**, » » **50** fr. » au Havre.
:rcuma pour Sauces et pour Epices.....................................
:ga du Japon, le kilo... 2 75

:des nouvelles pour la Fabrication des Conserves

PLACEMENT GRATUIT DES ÉLÈVES & DES ABONNÉS

:'Usines, Achats de Matériel, Mise en marche et Installation de toutes usines

de Produits alimentaires, Légumes séchés et décortiqués

A VENDRE une machine à fermer automatiquement les flacons, système W thaner, indépendante, au prix de 300 fr. a coûté 1,200 fr.
S'adresser à Louis Mermin, L. Z., Bureau de la Conserve, à Meulan.

A VENDRE **huit Enoyauteuses** à cerises, **une Machine Weissent** pour le bouchage des bocaux et flacons. Le tout en très bon éta vent servir pour les pruneaux secs.
S'adresser au « Bulletin »

CHEF DE FABRICATION ayant dirigé usine de Conserves, connaissan brication des légumes, viandes, foies gras, ch rie et champignons (spécialité), demande emploi. — S'adresser au Journal.

CHEFS DE FABRICATION **de Conserves alimentaires**, conn tous les travaux d'une usine pour légu fruits, confitures. Excellentes références. — Douze ans même maison, sept ans comm
S'adresser au journal *La Conserve*, à Meulan. A.R. 6

UN EX-FABRICANT **de Conserves Alimentaires** connaissant bien l commerciale et industrielle, demande dans grande une situation comme fondé de pouvoirs, directeur technique et industriel. Hautes réfé
Adresser les lettres au Bulletin, à Meulan (Seine-et-Oise).

ON DEMANDE un excellent contre-maître vinaigrier-moutardier pour un que de Conserves de 1er ordre.
S'adresser de suite au Bulletin ou à MM. Amieux et Cie, à Chantenay-lès-Nantes

ON DEMANDE à acheter une bonne petite **Usine** faisant la Fabricatio Moutarde en vases et fûts, les farines et graines, etc.
Ecrire au « Bulletin ».

ON DEMANDE A ACHETER des Bassines à vapeur et tout le I pour la Fabrication des Petits Pois, dières semi-tubulaires de 60 à 80 mètres de surface de chauffe.
Ecrire à M. Duffau, à l'Hermitage-Chiquet, Pessac (Gironde).

A VENDRE plusieurs lots de graines de moutarde: Bari, Bombay, Ceylan, France, Hollande, Russie (au cours, prix modérés), et tous les pour fabricants de moutardes. S'adresser au Bulletin à Louis Mermin.

ON DEMANDE A ACHETER

DE SUITE

1° Un Matériel pour la cuisson du thon par la vapeur.

2° Un Séchoir à chariot pour sardines et son aéro-ventilateur.

3° Un Générateur de 20 chevaux timbré à 10 atmosphères.

Un Moteur de 6/8 chevaux.

Adresser les offres à Louis Mermin, à Meulan (Seine-et-Oise).

A VENDRE A ANVERS (Belgique)

Grande Usine pour la Fabrication des Conserves de Légumes. Installation à vapeur. Matériel complet. — Matériel pour la fabrication des boîtes.

Terrain: 6,000 mètres carrés; l'Usine: 2,000 mètres.

Pour plus amples renseignements, s'adresser au journal *La Conserve*.

Affaire conviendrait à grande société anonyme, le propriétaire resterait intére

L'usine est en activité.

S'adresser à M. G. Dumontier, à B

On demande à acheter

32 **Matériel** usagé de paniers, gril dines et sprats, bacs à huile, filtres, mesures. C. H.

Une importante usine de P

demande un ouvrier ferblantier-boîti naissant la fabrication de la boîte ainsi que l'outillage mécanique.

S'adresser usine Chevallier-Ap de la Mare.

JUILLET

e sur les Récoltes

érique, dans la région Californienne, des fruits sera médiocre, malgré que eur E. J. Dickson, de San-Francisco, rapport de chaque prunier à 150 it 68 kilos) et que 150 livres de prunes nnent 50 livres de prunes sèches, ces fres étant des maximums; la récolte personnes du métier, qui ont établi :uls d'après l'estimation à vue et non fauteuil d'Institut, estiment que la dépassera pas 100 millions de prunes soit 45 millions de kilos secs, malgré .000 pruniers en plein rapport, et encore que c'est à la condition que npéries ne compromettent pas la ue l'on espère. Comme il n'y a presde vieux stocks, les cours des prunes, abricots, pêches, poires, raisins, es prix se maintiennent très fermes. ux légumes, maïs pour la conserve en petits pois, tomates et haricots, la e est en retard, les plantations ayant ies deux fois.

anada les récoltes fruitières se pré- bien.

ance, depuis que le beau temps est tout a repris une bonne tournure, sauf abricots dont la récolte sera précaire malgré que bien des centres ont une écolte, mais c'est le midi qui a souffert, l'Algérie et la Tunisie ne sont pas encore en mesure pour livrer des quantités d'abricots. Cela viendra lorsque les agriculteurs pourront exporter plus rapidement et à des bas prix leurs fruits sur la France. Les terrains africains sont propices pour les abricotiers.

Les autres fruits rouges, fraises, framboises, cerises sont en grande abondance, quant aux légumes, asperges, petits pois, haricots verts. l'année est exceptionnelle, temps chaud, couvert, orageux, la verdure pousse à vue d'œil.

La pêche est peu fructueuse, les mauvais temps dérangent le poisson, la sardine surtout est vendue en vert; mais nous ne sommes qu'au début, la pêche commence seulement. Arcachon et tout son bassin, les Sables-d'Olonne, La Turballe, Audierne, Camaret, Douarnenez, Concarneau, Croix-de-Vie, Etel, Saint-Guenolé, le Gulvinec ont pleine confiance dans la pêche, et les approvisionnement en boîtes, en huile, etc. sont considérables.

En Espagne, dans toute la Vallée du Rio-Séguro, de Murcïa, de Cieza, les corrédores (courtiers français) sont si abondants que les usines de conserves de fruits sont arrêtées à Alicante et à Alcantarilla, les fabricants devant la hausse du prix des abricots ont arrêté net la fabrication; les courtiers achetant les abricots sur les arbres de 40 à 50 francs et plus les 100 kilos, ils ont les frais de cueillette, les emballages, les transports par la ligne de Madrid à Irun ou par Cuidad-Real sur Barcelonne et Port-Bou.

A ce prix il est impossible de faire des oreillons.

MAISONS RECOMMANDÉES

Pour les abonnés 12 fr. par an pour une case

PAGE RÉSERVÉE AUX FOURNISSEURS SPÉCIAUX POUR « LA CONSE

Les Abonnés fabricants français de Conserves peuvent envoyer la liste des qu prix de leurs marchandises, pouvant être achetées uniquement par leurs collègues et courtage ni commissions, sauf les frais de correspondance.

NOTA. — On offre des Légumes saumurés en barils, des pulpes d'abricots, des

On offre : des Légumes évaporés, des Cèpes en 4/4 et 1/2, des petits

On offre : des Légumes saumurés, choux-fleurs, piments, poivrons, oignons, haricots verts, câpres, olives, anchois, etc.

LISS Cº (PARIS)
ue des Bateliers
OUEN (Seine)
près Paris

MATÉRIEL
pour
BOITES MÉTALLIQUES

PRESSE à QUINCONCE
N° 20 P S Breveté S. G. D. G.

pour grande économie
de fer blanc
et de salaires.

A GUILLOTINE
pédale

Sertisseuse automatique "Bliss" nº 18

Les sertisseuses "Bliss" comprennent les modèles les plus perfectionnés: depuis les machines simples desservies à la main jusqu'aux appareils entièrement automatiques à grande production comme la *Sertisseuse nº 18* qui peut travailler jusqu'à *48 boites par minute* et où *deux machines peuvent être conduites par la même fillette.*

Cette sertisseuse est disposée pour faire tous les genres de sertissages sur les boites de toutes formes: rondes, carrées, ovales, oblongues et même les contours sinueux et curvilignes.

Son règlage est simple et facile et elle donne un travail rapide et parfait, d'une solidité sans égale.

Grand Prix
Expositions Universelles
Paris 1900
Nantes 1904
Saint-Louis 1904
Londres 1908

Tous Genres
de
Machines et Outillages
pour la fabrication
des
BOITES MÉTALLIQUES
TABLEAUX-RÉCLAME
Objets de Publicité
etc., etc.

Ustensiles de Ménage

SSEUSE Nº 2 1/4
boites à conserves

MACHINE AUTOMATIQUE
à appliquer les joints d'étanchéité pour boites à conserves

érant: A. CORTHAY, à Meulan — Imp. Am. BEAUMONT, 48, Rue Nationale, à Mantes.

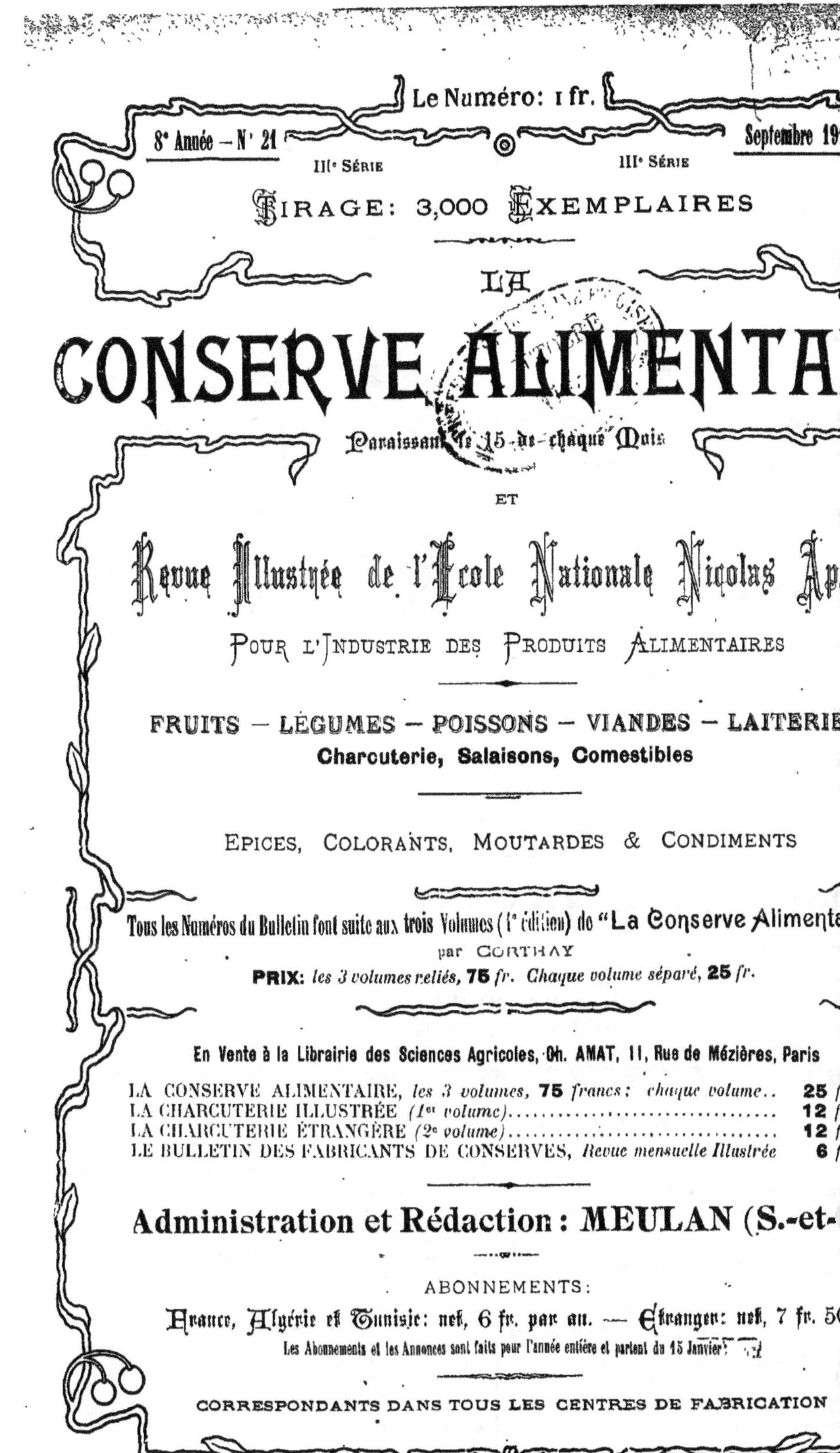
Le Numéro : 1 fr.

8e Année — N° 21 Septembre 19

IIIe Série IIIe Série

TIRAGE : 3,000 EXEMPLAIRES

LA CONSERVE ALIMENTA

Paraissant le 15 de chaque Mois

ET

Revue Illustrée de l'Ecole Nationale Nicolas Ap

POUR L'INDUSTRIE DES PRODUITS ALIMENTAIRES

FRUITS — LÉGUMES — POISSONS — VIANDES — LAITERIE

Charcuterie, Salaisons, Comestibles

EPICES, COLORANTS, MOUTARDES & CONDIMENTS

Tous les Numéros du Bulletin font suite aux trois Volumes (1re édition) de "La Conserve Alimenta

par CORTHAY

PRIX : *les 3 volumes reliés,* **75** *fr. Chaque volume séparé,* **25** *fr.*

En Vente à la Librairie des Sciences Agricoles, Ch. AMAT, 11, Rue de Mézières, Paris

LA CONSERVE ALIMENTAIRE, *les 3 volumes,* **75** *francs ; chaque volume..* **25** *f.*
LA CHARCUTERIE ILLUSTRÉE *(1er volume)*.............................. **12** *f*
LA CHARCUTERIE ÉTRANGÈRE *(2e volume)*.............................. **12** *f*
LE BULLETIN DES FABRICANTS DE CONSERVES, *Revue mensuelle Illustrée* **6** *f*

Administration et Rédaction : MEULAN (S.-et-

ABONNEMENTS :

France, Algérie et Tunisie : net, 6 fr. par an. — Étranger : net, 7 fr. 5

Les Abonnements et les Annonces sont faits pour l'année entière et partent du 15 Janvier

CORRESPONDANTS DANS TOUS LES CENTRES DE FABRICATION

Sommaire du Numéro

NVENTIONS NOUVELLES

0 — Mehrdoff. Procédé pour obtenir, nt du lait écrémé, un produit tout pré- ur la consommation, et présentant les istiques du lait complet.

70 — Holzer. Procédé pour la prépara- bière.

32 — Bergst. Appareil à rincer les bou-

58 — Benzinger. Procédé et dispositif uler des têtes de siphons, principale- lles en aluminium.

78 — Oldenburg et Calvert. Perfec- nents aux couvercles de boîtes à con- insi qu'un procédé, et aux outils em- pour leur fabrication.

41 — Keith. Procédé de conservation s.

36 — Szigetti. Boîte de conserve avec if de chauffage.

59 — Wilzin. Dispositif de capsulage à chet de garantie.

415,707 — Société anonyme des fermetures en plomb. Perfectionnement aux plombs de scellement pour fermetures de sûreté.

415,957 — Adad et Javet. Procédé et produit pour la préparation comestible des olives vertes et noires.

415,994. — Grumme. Procédé de fabrication d'une sauce aux champignons d'un grand pouvoir conservatif.

416,030 — Caubet. Assaisonnement de cuisine.

416,092 — Desjardins. Boîte métallique à fermeture hermétique.

416,550 — Albiac. Système d'ouverture pour boites à conserve alimentaire.

416,578 — Houades. Système perfectionné de torréfacteur pour le café.

Communiqué par l'*Office de Brevets d'invention* de M. H. Boettcher fils, ingénieur-conseil, 39, boulevard Saint-Martin, Paris (Téléphone 206-67.

[L]aboratoire de l'Ecole Nationale des Industries Alimentaires

TARIF DES PRINCIPALES ANALYSES

[Al]cools dénaturés, spiritueux, beurres et saindoux, cacao et chocolat, cire, [conse]rves diverses, huiles comestibles, liqueurs, sels de cuisine, sirops, confi[tures], thé et poivre.

Analyse complète .... **35 fr.**

[Ca]fé, chicorée, colorants pour sirops et confitures, etc., lait, pains et pâtes [alime]ntaires, sucre, glucose, miel, viandes, volailles, gibiers, poissons.

Analyse complète .... **30 fr.**

[Se]rtissage des boîtes de conserves, soudures des boîtes de conserves, métaux, [alliag]es (un seul dosage).

Analyse complète .... **20 fr.**

[L]es prix ci-dessus sont établis pour des analyses complètes. Pour les dosa[ges d]'un ou plusieurs éléments, les prix sont fixés à la demande et varient sui[vant] les cas. On peut cependant établir comme règle générale que le dosage [d'un] élément coûte environ 6 francs.

[N]OTA : On est prié de demander les instructions spéciales concernant la [prise] d'échantillons pour chaque cas difficile.

[T]outes les analyses sont payables d'avance, et aucune dérogation ne peut [être] apportée à cette condition.

[P]rière de joindre un timbre de 25 centimes à toute demande de renseigne[men]ts.

RENSEIGNEMENTS

Commerciaux & Industriels

SEPTEMBRE 1910

Chronique de France : les tendances sont à l'augmentation générale, loyers, baux, fermages, vivres, vin, viande, pain, impôts, contributions, fonctionnaires, toute l'humanité emboite le pas après Jaurès et la C. G. T. Les 15 millions d'hectolitres de vin qui manqueront sur la totalité de la récolte; les 17 à 18 millions de quintaux de blés manquant, tout cela ne justifiait pas l'augmentation; le vase a débordé par suite de l'abondance des grèves, du renchérissement de la main d'œuvre, les fautifs, c'est les meneurs grévistes, c'est la perturbation qu'ils apportent dans le travail et dans les habitudes.

A force de prôner le grand soir et la grève générale, sans la faire, qu'attendent-ils? que Jaurès et Hervé tirent leur grand sabre, fantoches, bluffeurs. Le grand soir sera celui où le parisien fatigué se chargera de faire la paix lui-même, cela ne sera ni long, ni bruyant, seulement il n'y aura pas assez de reverbères? Car c'est honteux que les Halles, le centre de l'alimentation de plusieurs pays, soit terrorisé par les amis d'Hervé. Il fut un temps où l'esprit de corps, le bon renom de la population laborieuse ne l'aurait pas toléré, et déjà à plusieurs reprises, les Forts ont fait comprendre que c'était le moment que cela finisse. Tout cela n'empêche pas le carreau d'être bien garni, que les réexpéditions se fassent par trains entiers sur Londres, Bruxelles, Berlin, il faut chaque jour pour l'Allemagne de 50 à 70 wagons uniquement pour le raisin blanc, jugez du reste. Les cours à Châteaurenard-Cavaillon qui monopolisent les expéditions, grâce à leurs frigorifiques, pour trains chargés, sont les suivants :

	Moyens	A PARIS
Haricots verts	de 17 à 20	de 15 à 35
— blancs....	de 22 à 25	de 15 à 35
— rouges....	de 20 à 22	de 12 à 28
Tomates	de 14 à 18	de 22 à 30
Prunes B. C.......	de 60 à 100	de 75 à 130
Poires	de 20 à 80	de 40 à 100
Amandes..........	de 45 à 50	de 70 à 100
Raisins noirs......	de 25 à 20	
Chasselas (choix)..	de 22 à 37	à tous prix
Melons gros.......	de 1.75 à 2	de 2 à 3 fr.

Les récoltes de blés à l'étranger, Australie, Indes, Russie, Roumanie, sont excellentes, elles seront médiocres en Amérique du Nord, au Canada et dans l'Argentine, donc le pain cet hiver n'augmentera pas, ce qui restera cher c'est la viande, et la hausse actuelle est provoquée par les achats dans nos marchés de tout le bétail, qui est dirigé sur Pont-[illegible] son, où il est sacrifié et expédié en All[illegible] par wagons frigorifiés; tout est bon veau, porc, la loi allemande n'autor[illegible] l'entrée du bétail vivant, alors ils le tu[illegible] frontière. En Autriche-Hongrie, en même perspective, la viande fraîche [illegible] de prix, et pendant cela nos troupea[illegible] niaux n'ont pas acheteurs. Dans l'Ile d[illegible] gascar, les bœufs sur pied coûtent 5[illegible] des bêtes pesant 500 à 600 kilogs. En [illegible] en Algérie, au Sénégal même situatior[illegible] moyen de les amener en France, les d[illegible] ne les laissent pas entrer sans le p[illegible] d'une taxe énorme, les colonies ne s[illegible] faites pour nourrir la mère-patrie, se[illegible] pour les fonctionnaires.

La Calédonie, depuis l'attentat de [illegible] vend sa viande de bœuf dans les bouch[illegible] Nouméa, au détail 0 fr. 25 c. le kil., e[illegible] veurs du Nord de l'Ile tuent le bétail [illegible] cuir, les os, la graisse, et les viande[illegible] sont pour l'engraissement des porcs q[illegible] gras, valent 0 fr 60 à 0 fr. 65 le kilog [illegible]

Le poisson suivra le cours de la via[illegible] encore, les menaces ouvrières et les [illegible] des députés de la Bourse du Travail, [illegible] préparé un coup de Jarnac contre le[illegible] cants, ils ont pu le parer, et comme [illegible] est médiocre, les meneurs ne bougent [illegible]

En Angleterre, les récoltes se pr[illegible] très bien, les pommes de terre d[illegible] comme rendement une belle récolte. [illegible] teraves jaunes, les navets, les raves, [illegible] ont souffert en juillet, la récolte est ce[illegible] cotée comme grosse moyenne, les arri[illegible] plus en plus importants de viandes frig[illegible] de salaisons, de porcs, de volailles, d[illegible] et d'œufs, sans oublier les lapins de [illegible] nance australienne, alimentent les [illegible] anglais sans droits de douane; les [illegible] construits pour ce service arrivent r[illegible] ment. Il serait plus que temps de s[illegible] l'exploitation de Madagascar, y envoy[illegible] ques cargos de plus et un peu moins [illegible] tionnaires des finances.

En Espagne, la récolte des o[illegible] absolument nulle à Tortosa, en Andal[illegible] Aragon, il ne se récoltera rien; de [illegible] d'hommes, il n'y a pas de souvenan[illegible] pareille calamité, dans la province de [illegible] un petit coin donnera une abondante [illegible] d'olives communes, connues sous le [illegible] Borjes, et c'est tout. L'année dernièr[illegible] colte aussi a été déficitaire, les citerne[illegible] sec.

En Italie, le *Journal de la Conser[illegible]* les dernières indications sur les toma[illegible] toutes les régions *à Parma*, la récolt[illegible] mencé le 1er août et elle sera très ab[illegible] supérieure aux récoltes précédentes, [illegible] partie *Nocera Inferiore*, les prix ont [illegible]

s 100 kilos à 9 francs. A Ponteca-
mes indications, les prix sont en
cependant ni dans l'Amérique du
Londres, les cours n'ont haussé,
stifier une pareille augmentation
ières premières. Ces tentatives de
agricole sont la ruine des fabri-
tateurs qui avaient bien commencé
total des exportations de conserves
s depuis le 1er janvier à fin juin
.412 quintaux métriques, dont les
grosses parts sont pour l'Argentine,
Unis, l'Angleterre, ce qui représente
millions de lires ou francs de tomates

nada. Voici les cours du mois

	la douz. de boîtes de 3 (1 k. 125 gr.)
ordinaires à l'eau.	5 25
prim hâtifs......	5 65
doux ridés.......	5 75
triés sucrés......	6 »
Beans...........	4 39
....	4 50
peeled..........	5 »
	de 2 (900 gr.)
....	7 50
es..............	8 »

	de 3	
Pêches....................	8 75 à 13 50	
Poires blanches au jus......	8 50 13 40	
Reines Claude.............	8 »	
Prunes italiennes..........	5 »	
	(de 450 et 454 gr.)	
Saumons « Humpbacks »....	6 50	
— « Cohoes »........	9 75	
— « Red Spring »....	8 »	
— « So e Keye ».....	9 50	
	1/2 basse (225 gr.)	
Homards (proch. récolte)....	12 »	
	1/2 haute (500 gr.)	
— — —	21 35	
	1/2 plates (500 gr.)	
— — —	21 50	
Corned ou Roast-beef..	9 »	la douz. de 500 gr.
— —	16 50	— 900 gr.
Pieds de porc.........	15 »	— 900 gr.
Langue de bœuf.......	37 50	— 750 gr.
— —	42 50	— 900 gr.
— —	47 50	— 1200 gr.
Langues de porcs......	20 »	— 450 gr.
Bœuf fumé en tranches.	8 »	— 225 gr.
— —	13 »	— 450 gr.
Saindoux en gros barils.	» 73	la livre de 450 gr.
— mélange.....	» 57	— 450 gr.

Escompte de 10 et 5 0/0 suivant quantités.

amcontent.com/pod-product-compliance
Source LLC
TN
0010230826
LV00002B/736